AF388651

VENTE

Du 28 Février 1898

HOTEL DROUOT

Salle nº 11

COLLECTION D'UN AMATEUR

Tableaux Modernes

AQUARELLES & DESSINS

PARIS. — IMPRIMERIE GEORGES PETIT

12, RUE GODOT-DE-MAUROI, 12

Tableaux Modernes

ET

AQUARELLES

COLLECTION DE DESSINS

DE RIBOT ET DE FORAIN

Tableau important de DETAILLE

DONT LA VENTE AURA LIEU

HOTEL DROUOT, Salle N° 11

Le Lundi 28 Février 1898

A DEUX HEURES

COMMISSAIRE-PRISEUR

Mᵉ DUCHESNE, 6, rue de Hanovre

EXPOSITION PUBLIQUE

Le Dimanche 27 Février 1898, de 1 heure à 5 heures.

CONDITIONS DE LA VENTE

Elle sera faite au comptant.

Les acquéreurs paieront *cinq pour cent* en sus des prix d'adjudication.

DÉSIGNATION

TABLEAUX

BEAUVERIE

1 — *Effet du matin.*

Haut., 31 cent.; larg., 45 cent.

BENNER

2 — *Tête de femme.*

Haut., 42 cent. ; larg., 32 cent.

BERCHÈRE

3 — *Mosquée.*

BONIFAZI

4 — *Tête d'enfant.*

Haut., 24 cent.; larg., 20 cent.

BONIFAZI

5 — *Tête d'enfant.*

Haut., 24 cent.; larg., 20 cent.

BONIFAZI

6 — *Tête d'enfant.*

Haut., 24 cent.; larg., 20 cent.

BRISSOT

7 — *Vaches à l'abreuvoir.*

Haut., 50 cent. ; larg., 70 cent.

CASTAN

8 — *Prière.*

Haut., 37 cent. ; larg., 22 cent.

CLAYS

9 — *La Plage.*

Haut., 16 cent.; larg., 22 cent.

CORMON

10 — *Le Carnage.*

COUTURE

11 — *Le Récit.*

Haut., 18 cent.; larg., 13 cent.

DANSEART

12 — *Le Goutteux.*

Haut., 30 cent.; larg., 22 cent.

E. DELACROIX

13 — *Mercure.*

Haut., 19 cent. ; larg., 37 cent.

E. DELACROIX

14 — *Neptune.*

Haut., 19 cent.; larg., 37 cent.

DELACROIX (École de)

15 — *Épisode de la bataille de Nicopolis.*

ED. DETAILLE

16 — *Épisode de la guerre de 1870.*
Œuvre importante.

DOLPH

17 — *Chats.*

Haut., 32 cent.; larg., 47 cent.

DUCROS

18 — *A la Fontaine.*

Haut., 31 cent.; larg., 30 cent.

DUEZ

19 — *Le Repos.*

DUPAIN

20 — *Avant.*

Haut., 51 cent.; larg., 37 cent.

DUPAIN

21 — *Après.*

Haut., 52 cent.; larg., 37 cent.

FALERO

22 — *La Vague.*

Haut., 28 cent.; larg., 65 cent.

FEYEN-PERRIN

23 — *La Madeleine.*

Haut., 75 cent.; larg., 56 cent.

FLERS

24 — *Paysage.*

FRAGONARD

25 — *Plafond.*

GEGERFELD

26 — *Intérieur à Venise.*

Haut., 39 cent.; larg., 59 cent.

GEGERFELD

27 — *Effet d'hiver.*

Haut., 37 cent.; larg., 53 cent.

GEGERFELD

28 — *Venise.*

Haut., 45 cent.; larg., 69 cent.

GILBERT

29 — *Réflexion.*

HINTZ

30 — *Le port de Dusseldorf.*

Haut., 81 cent.; larg., 51 cent.

HUMBERT

31 -- *L'enlèvement de Déjanire.*

JACQUET

32 — *Femme au manchon.*

Haut., 34 cent.; larg., 26 cent.

LA LYRE

33 — *Femme nue.*

Haut., 31 cent.; larg., 43 cent.

LAZERGES

34 — *Marine.*

L'ENFANT DE METZ

35 — *Enfants jouant.*

Haut., 21 cent.; larg., 16 cent.

S. LEPINE

36 — *Bord de Seine.*

> Haut., 37 cent. ; larg., 54 cent.

S. LEPINE

37 — *Chevaux au labour.*

> Haut., 21 cent.; larg., 32 cent.

MAINCENT

38 — *Bord de Seine.*

> Haut., 51 cent.; larg., 66 cent.

MARILHAT

39 — *La Mare aux fées.*

> Haut., 54 cent.; larg., 45 cent.

E. MARTIN

40 — *Paysage.*

J.-F. MILLET (École de)

41 — *La Mère et l'Enfant.*

MONTICELLI

42 — *Figures dans un parc.*

PETITJEAN

43 — *Paysage.*

Haut., 47 cent.; larg., 69 cent.

PINCHART

44 — *Femme d'Arle et son enfant.*

PLASSAN

45 — *Fantaisie.*

ROQUEPLAN

46 — *Paysage.*

PH. ROUSSEAU

47 — *Pigeons voyageurs.*

Épisode de la guerre de 1870.

Haut., 65 cent.; larg., 81 cent.

A. ROZIER

48 — *Vue de Venise.*

SARREBROUSSE

49 — *Téte de jeune fille.*

SCARBINA

50 — *Marchande de harengs.*

TROYON

51 — *Chiens.*

Haut., 20 cent.; larg., 30 cent.

VERNET (ÉCOLE DE)

52 — *Sujet.*

VIGNON

53 — *Église et Village.*

Haut., 56 cent.; larg., 46 cent.

VIGNON

54 — *Paysage.*

VINCELET

55 — *Fleurs.*

Haut., 38 cent.; larg., 46 cent.

VOGLER

56 — *Effet de neige*.

> Haut.. 37 cent.; larg., 64 cent.

VOLLON (ÉCOLE DE)

57 — *L'Atelier*.

> Haut., 46 cent.; larg., 39 cent.

F. ZIEM

58 — *Rêverie*.

> Haut., 56 cent.; larg., 46 cent.

ÉCOLE ITALIENNE

59 — *Paysage*.

INCONNU

60 —

AQUARELLES
et Dessins

ANCKER

61 — *Causerie au cabaret,*

Aquarelle

DECAMPS

62 — *Les Bandits.*

Aquarelle

DETAILLE

63 — *Cuirassiers*

Dessin.

FORAIN

64 — *La Toilette.*

Dessin rehaussé

FORAIN

65 — *Où en êtes-vous avec elle ?*
— Il y a deux mois que ta lettre de rupture est sur mon bureau, ... mais je ne l'envoie pas ..... parce qu'elle est chargée !...

Dessin rehaussé

FORAIN

66 — *L'Œillet de l'absent.*

Plume rehaussée

FORAIN

67 — *A la Brasserie.*

Plume rehaussée

FORAIN

68 — *Tu sais, mon p'tit, arrange-toi comme tu voudras.....*
— J'ai promis de payer aujourd'hui.

Plume rehaussée

FORAIN

69 — *Ah ! monsieur le comte, jusqu'à quelle heure l'avez-vous gardée pour qu'a s'lève seulement maintenant.*

FORAIN

70 — *Non, tu sais, j'la trouve raide : pas une fleur, pas un bonbon ! D'ailleurs tu ne reçois que des mufles !*

FORAIN

71 — *Les Amours de Marianne.*

FRAGONARD

72 — *Fantaisie.*

Dessin

CH. JACQUE

73 — *Deux moutons dans la bergerie.*

Dessin

PILS

74 — *Cavaliers.*

PILS

75 — *Zouave.*

PILS

76 — *Cuirassiers.*

TH. RIBOT

77 — *Le Roi des mines.*

Aquarelle

TH. RIBOT

78 — *Le Roi des mines.*

Aquarelle

TH. RIBOT

79 — *Cuisinier sonnant.*

Dessin

TH. RIBOT

80 — *Cuisinier.*

Dessin

TH. RIBOT

81 — *Jeune fille aux cheveux.*

Dessin

TH. RIBOT

82 — *Jeune garçon.*

Plume

TH. RIBOT

83 — *Deux sœurs.*

Aquarelle

TH. RIBOT

84 — *Chat.*

Aquarelle

TH. RIBOT

85 — *Le Berger et la Mer.*

Crayon

Paris. Imp. Georges Petit. — 5902-97.